EMG3-0141
合唱楽譜<J-POP>
J-POP
CHORUS PIECE

合唱で歌いたい！ J-POPコーラスピース

混声3部合唱

蕾《つぼみ》

作詞・作曲：小渕健太郎　合唱編曲：古川陽子

JN149829

●●● 曲目解説 ●●●

コブクロの14枚目のシングルで、フジテレビ系ドラマ「東京タワー～オカンとボクと、時々、オトン～」の主題歌として書き下ろされた楽曲です。多くの人々の涙を誘ったこの楽曲は、第49回日本レコード大賞を受賞するなど、音楽性も高く評価されました。卒業・入学シーズンにも欠かせない一曲です。この混声3部合唱は、ハーモニーの色彩感とお洒落なピアノ伴奏で、原曲の高い音楽性を最大限に表現。合唱の魅力がたっぷりと詰まったアレンジです。美しいハーモニーとその響きをじっくりと堪能いただける、オススメの一曲です。

【この楽譜は、旧商品『蕾（混声3部合唱）』（品番：EME-C3033）とはアレンジが異なります。】

ELEVATO
MUSIC ENTERTAINMENT

蕾《つぼみ》

作詞・作曲:小渕健太郎　合唱編曲:古川陽子

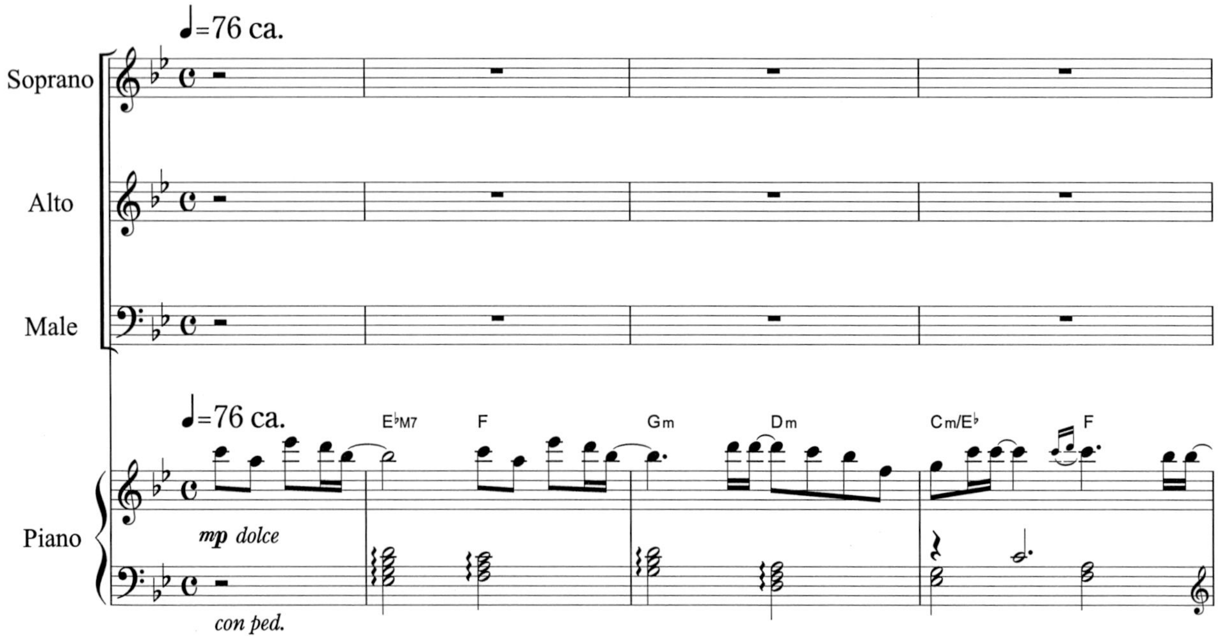

Elevato Music
EMG3-0141

4
A
mp
な み だ こ ぼ し て も ー あせにま
B♭sus4
B♭
A B♭
F/A
Gm
B♭/F
8
み れたー え が お の な かじゃー だ れ も き づ い てはー く れ ない ー だから
E♭
F
Dm
Gm
Cm7
F
Dm
Gm
12
B
mp
Hum. た や す こ と な く ぼくのこ
mp
あ な た の な み だ を ぼくはしらない ー た や す こ と な く ー ぼくのこ
Cm7
F
B B♭
F/A
Gm
B♭/F

16
ころにー ともされ ていたー あかりはー あなたがー くれた
ころにー ともされ ていたー やさしいあかりはー あなたがー くれた
mp
あかりはー あなたがー くれた
E♭ F Dm G Cm7 F B♭ F Gm
20
C
mp
あいの あかしー ー Hum.
mp
りゆうなきあいの あかしー ー Hum.
mf
りゆうなきあいの あかしー ー やわらかな ひだまりがー つつむ せなかにー ポツリ
E♭ B♭/D Cm7 F B♭ B♭7
C
E♭ F/E♭
mf
24
cresc.
mf
はなしかけー ながらー いつかこんなひーがくることもー きっと
cresc.
はなしかけー ながらー いつかくることもー
cresc.
ー はなしかけー ながらー いつかくることもー
Dm D Gsus4 Gm Am7(♭5) D7 Gsus4 Gm7/F Em7(♭5)
cresc.

28
f
ー きっとー きっとー わかってたはず なのに ー きえそう
きっと きっと わかってたはず なのに ー きえそう
きっと きっと わかってたはず なのに ー きえそう
E♭ B♭ Cm7 Cm7/G F7sus4 F D7
32 D
に さきそうな つぼみが ことしもー ぼくをー ま
に さきそうな つぼみが ことしもー ぼくをー ま
に さきそうな つぼみが ことしもー ぼくをー ま
D
E♭ F Gm Dm Cm7/E♭ F
legato
35
ってる てのひらじゃー つかめない かぜにおどるはなび
ってる てのひらじゃー つかめない かぜにおどるはなび
ってる てのひらじゃー つかめない かぜにおどるはなび
B♭sus4 B♭ B♭7 E♭ C/E F D7/F♯

38
ら たちど まるー か た にヒーラ リー じょうずにのせてー
ら たちど まるー か た にヒーラ リー じょうずにのせてー
ら Ah じょうずにのせてー
Gm GmM7 Gm7 C Cm B♭/D E♭ E♭/F
41
dim. mf
わらってみせたー あなたをおもいだすー ひとり
わらってみせたー あなたをおもいだすー ひとり
わらってみせたー あなたをおもいだすー ひとり
Cm B♭/D E♭ F Cm B♭/D E♭ C7 Fsus4 F
dim.
44
E
mp
ー ー Hum. ビルのたにまに うもれた
mf
ー ー ビルのたにまにー うもれた
ー ー
B♭sus4 B♭ E B♭ F/A Gm B♭/F
mf
mp dolce

48
mf
ゆ めもー い つ か め ぶ いてー はな をー し んじたー ゆめは
ゆ めもー い つ か め ぶ いてー はなを さかすだろうー し んじたー ゆめは
mf
はな をー し んじたー ゆめは
E♭ F Dm G Cm7 F B♭ F Gm
52
F
mf
えらばないー Hum.
mf
さくばしょをえらばないー Hum.
mf
さくばしょをえらばないー ぼくらこの まちにおとーされた かげぼうしー みんな
E♭ B♭/D Cm7 F B♭ B♭7 F E♭ F/E♭
mf
56
cresc.
ひかりをさー がしてー かさなりあうとーきのながれもー きっと
cresc.
ひかりをさー がしてー Ah ながれもー
cresc.
ー ひかりをさー がしてー Ah ながれもー
Dm D7 Gsus4 Gm Am7(♭5) D7 Gm Gm7/F Em7(♭5)
cresc.

Elevato Music
EMG3-0141

70
た どこにもーもう もどれーない いー ぼくのようだとー
た どこにもーもう もどれーない いー ぼくのようだとー
た Ah ぼくのようだとー
Gm GmM7 Gm7 C Cm B♭/D Cm7/E♭ E♭/F
73
ささやくかぜにー キラリまいおちてくー なみ
ささやくかぜにー キラリまいおちてくー なみ
ささやくかぜにー キラリまいおちてくー なみ
Cm B♭/D E♭ F Cm B♭/D E♭ C7 Fsus4 F
76 H
だ
だ
だ
H E♭M7 F Dm7 Gm

80
mp
ちりぎわに
E♭M7
Am7(♭5)
D7
Am7(♭5) D
84
I
ー もういちどー ひらくはな びらはー あなたーの
p
Hum.
mp
ひらくはな びらはー あなたーの
I
E♭M7 F Gm Dm7 Cm7/E♭ F
p
87
ようにきこえないー がんばれをー にぎったりょ
ようにきこえないー がんばれをー にぎったりょ
p
Hum.
B♭sus4 B♭ E♭M7 F Gm Dm7

90
cresc.
mf
J
うてにー なんどーも くれた きえそうに さきそう
Ah
きえそうに さきそう
Cm7/E♭
D7
E♭M7
F
93
なつぼみがことしもー ぼくをーまってる いまもまだ
Gm
Dm7
Cm7/E♭
F
B♭sus4
B♭7/A♭
96
cresc.
f
ー つかめない あなたとえがいたゆめ たちどまるーぼ
Ah
E♭M7
C9/E
F
D7/F♯
Gm
GmM7

99
くのそーばでー
やさしくひらくー
えがおのようなー
くのそーばでー
やさしくひらくー
えがおのようなー
やさしくひらくー
えがおのようなー
Gm7 C Cm B♭/D E♭6 Cm7/F Cm B♭/D E♭M7 F
102
dim.
mf
つぼみをさがしてるー
ー
そらにー
つぼみをさがしてるー
ー
そらにー
つぼみをさがしてるー
ー
そらにー
Cm B♭/D E♭ C7/E Fsus4 F B♭
dim.
mp
106
rit.
E♭M7 F Gm Dm Cm/E♭ F B♭sus4 B♭
rit.

蕾《つぼみ》

作詞:小渕健太郎

涙こぼしても　汗にまみれた笑顔の中じゃ
誰も気付いてはくれない
だから　あなたの涙を僕は知らない

絶やす事無く　僕の心に灯されていた
優しい明かりは　あなたがくれた理由なき愛の灯《あかし》

柔らかな日だまりが包む背中に　ポツリ　話しかけながら
いつかこんな日が来る事も
きっと　きっと　きっと　わかってたはずなのに

消えそうに　咲きそうな　蕾《つぼみ》が今年も僕を待ってる
掌じゃ掴めない　風に踊る花びら
立ち止まる肩にヒラリ
上手に乗せて笑って見せた　あなたを思い出す　一人

ビルの谷間に埋もれた夢も　いつか芽吹いて
花を咲かすだろう　信じた夢は咲く場所を選ばない

僕等《ぼくら》　この街に落とされた影法師　みんな光を探して
重なり合う時の流れも
きっと　きっと　きっと　追い越せる日が来るさ

風のない線路道　五月の美空は青く寂しく
動かないちぎれ雲　いつまでも浮かべてた
どこにももう戻れない
僕のようだとささやく風に　キラリ舞い落ちてく　涙

散り際に　もう一度開く花びらは　あなたのように
聴こえない頑張れを　握った両手に何度もくれた

消えそうに　咲きそうな　蕾《つぼみ》が今年も僕を待ってる
今もまだ掴めない　あなたと描《えが》いた夢
立ち止まる僕のそばで
優しく開く笑顔のような　蕾《つぼみ》を探してる　空に

MEMO

MEMO

ご注文について

エレヴァートミュージックエンターテイメントの商品は全国の楽器店、ならびに書店にてお求めになれますが、店頭でのご購入が困難な場合、下記PC&モバイルサイト・FAX・電話からのご注文で、直接ご購入が可能です。

◎PCサイト&モバイルサイトでのご注文方法

http://elevato-music.com

上記のアドレスへアクセスし、WEBショップにてご注文ください。

◎FAXでのご注文方法

FAX.03-6809-0594

24時間、ご注文を承ります。上記PCサイトよりFAXご注文用紙をダウンロードし、
印刷、ご記入の上ご送信ください。

◎お電話でのご注文方法

TEL.0120-713-771

営業時間内に電話いただければ、電話にてご注文を承ります。